AF220814

York

lieben lernen

Der perfekte Reiseführer für einen unvergesslichen Aufenthalt in York inkl. Insider-Tipps, Tipps zum Geldsparen und Packliste

Tatjana Weiher

FSC
www.fsc.org
MIX
Papier aus ver-
antwortungsvollen
Quellen
Paper from
responsible sources
FSC® C105338

✈ INHALT

Das erwartet Sie in diesem Buch

Wir begeben uns auf die Reise in einen der typischsten Landstriche Englands. Schon die Anfahrt wird zu einem Teil des Abenteuers, denn wir wählen den Wasserweg, wie es sich für den Besuch einer alten und glorreichen Seefahrer-Nation gehört. Nach einer kurzen Verschnaufpause in Newcastle und dem Umstieg in ein Mietauto mit dem Steuer auf der „falschen" Seite brechen wir auf nach Yorkshire; und das hat eine Menge zu bieten: pittoreske Städtchen mit viel

Geschichte, wie zum Beispiel York, ebenso wie urbanes Leben vor alt-industriellem Hintergrund in Leeds. Die karge, charaktervolle Moorlandschaft und die malerische Küste laden zum Wandern ein oder einfach dazu, den „stunning view" zu genießen, also die schöne Aussicht. Wir lernen eine einmalige Pub-Kultur kennen, bei der die Kneipe zum Wohnzimmer wird. Die Menschen treffen sich bei einem kühlen Ale oder Cider, um sich über Gott und die Welt auszutauschen und über ihre Leidenschaften: die Eisenbahn zum Beispiel oder das Gärtnern.

Wir finden heraus, dass die englische Küche deutlich besser ist als ihr Ruf, vor allem, wenn es um die Zubereitung einer perfekten „tea time" geht. Die Zeit nimmt man sich immer, aber nach so viel Gepflegtheit stürzen wir uns auch gern in die nervös laute Casino-Hölle in Scarborough und verteidigen im Anschluss unsere Pommes – oh sorry, chips – gegen die riesigen Möwen. Gesitteter und auch ein bisschen unheimlich geht es in Whitby zu, wo wir auf Draculas Spuren wandeln und uns an Captain Cook erinnern. Wir wandern in den großen Naturschutzgebieten North York Moores und den Yorkshire Dales, lustwandeln durch den Park von Castle Howard und durch „die verlorenen Gärten von Lowther" und werden für eine Nacht selbst zur Schlossherr*in in Augill Castle. Nicht zuletzt lernen wir auf dem Rückweg über Cumbria den Uhu Otto aus Bremen kennen und bei all dem bleibt stets die beruhigende englische Höflichkeit gewahrt, natürlich gewürzt mit dem berühmten „black humour".

Typisch britisch

ZUM EINSTIEG ETWAS SMALL TALK

D enn das gehört zum guten Ton. Man spricht über das Wetter, über Politik, gern über Sachliches, aber selbstverständlich auch über das Königshaus – eine sehr angenehme Art sich zu unterhalten. Stimmen wir uns also ein mit ein paar Zahlen, Daten, Fakten: „God's own country", wie Yorkshires Bewohner ihren eigenen Landstrich liebevoll nennen, steht unter dem Zeichen der weißen Rose des alten Adelshauses York. Die Grafschaft ging 1485 in einem vereinigten England unter Heinrich VII. aus einer Reihe kriegerischer Auseinandersetzungen mit anderen Häusern hervor. In der

Moderne wurde Yorkshire stark geprägt von der industriellen Revolution des 19. Jahrhunderts, die eigentlich in ganz England immer noch sichtbar ist in Form von Architektur, Eisenbahn und historischen Relikten. Während nach dem Zweiten Weltkrieg Schwer- und Textilindustrie noch elementare Rollen spielten, ist die Wirtschaft Yorkshires heute sehr differenziert. Leeds zum Beispiel hat sich zu einem wichtigen Finanzzentrum entwickelt, lebt aber auch von der Kreativ-Wirtschaft und dem Dienstleistungssektor, während in den ländlichen Gegenden der Tourismus zur Haupteinnahmequelle geworden ist. Apropos Kultur und Tourismus, an dieser Stelle seien kurz die beiden wichtigsten Hüter von Englands geschichtsträchtigem Erbe benannt, die hier Historisches zugänglich machen: National Trust und English Heritage. Anders als bei uns haben die Briten diese hehre Aufgabe nämlich an gemeinnützige Organisationen abgegeben.

Diese sorgen für extrem professionell aufbereitete Sehenswürdigkeiten mit gepflegten Cafés und Souvenir-Shops, aber auch mit beeindruckend engagierten Freiwilligen, meist Rentnern, die oft vom Fach sind und somit äußerst kompetent und die einem als Tourist mit großer Offenheit, Neugierde und Begeisterung die jeweilige Materie nahe bringen. Ein echtes Plus beim Sightseeing!

ITINERARY – DER REISEPLAN

Dauer der Reise: 10 bis 14 Tage

Kosten pro Tag im Schnitt, saisonabhängig: 120 Euro für die Unterkunft sowie 50 bis 80 Euro pro Person für Restaurantbesuche und Sightseeing

An- und Abreise mit der Fähre Amsterdam – Newcastle (Anbieter: DFDS, Kosten 100 bis 400 € pro Kabine)

Städte im Inland: York, Leeds, Harrogate
Städte an der Küste: Whitby, Scarborough

Wanderung in den North York Moores und Yorkshire Dales

Schlösser und Gärten: Castle Howard und Lowther Castle (Cumbria)

Los geht's, up North!

Mein Startpunkt vom Kontinent aus ist Amsterdam. Hier legt regelmäßig eine sehr komfortable Fähre ab, die zwischen Amsterdam und Newcastle upon Tyne hin und her pendelt, betrieben vom Anbieter DFDS. Es ist eine Fahrt über Nacht und man kann unter sehr unterschiedlichen Angeboten wählen: Je nach Saison und persönlichem Anspruch (Innen- oder Außenkabine, viel Platz oder wenig, mit oder ohne Frühstück etc.) werden pro Kabine zwischen 100 € und 400 €

aufgerufen. Die Preis-Beispiele beziehen sich auf eine Reise ohne Auto, denn ich bin mit dem Zug nach Amsterdam gekommen und DFDS bietet sowohl hier als auch in Newcastle einen unkomplizierten Bus-Shuttle-Service vom Fähranleger in die jeweilige Innenstadt an. Bei der Anreise mit dem Schiff beginnt für mich der Urlaub in dem Moment, in dem ich meinen Fuß an Bord setze. Mit etwas Glück ist das Wetter passabel und dann ist es einfach herrlich, an Deck mit einer frischen Brise im Gesicht und vielleicht schon einem Getränk in der Hand der grünen Insel entgegen zu schippern.

Dort angekommen nehme ich mir einen Mietwagen, damit das Steuer, bezogen auf den Links-Verkehr, gleich auf der richtigen Seite ist. Außerdem empfehle ich eine Automatik-Schaltung, da es wirklich ungewohnt ist, mit der anderen Hand die Schaltung zu bedienen. Anfangs steuere ich noch etwas ängstlich und hoch konzentriert durch Newcastle's City, aber nach und nach, mit etwas Übung, legt sich die Aufregung. Um mich zu belohnen und vor der anstehenden Fahrt zu stärken, mache ich noch einen kleinen Abstecher zu einem echten Insider-Spot in Newcastle: Riley's Fish Shack schmiegt sich in die

Steilküste einer kleinen malerischen Strand-Bucht an der Mündung des River Tyne. Frischer und hipper kann man den Tagesfang der Fischer hier wirklich nicht genießen. Ich möchte gleich mit einem Small Talk über das Wetter starten und mache eine Bemerkung über die neuerdings ungewöhnlich heißen Sommer. Die Antwort scheint mir sehr Britisch: „ridiculously hot", also geradezu lächerlich heiß! Schmunzelnd und gestärkt steige ich ins Auto und visiere mein erstes Ziel an, die junge und urbane altindustrielle Metropole Leeds.

Städte-Tipps im Inland

LEEDS

Nach etwa zwei Stunden checke ich in Leeds im The Calls 42 ein, einem coolen und luxuriös ausgestatteten Hotel am River Aire, aber Achtung, neben der Tatsache, dass dies eine der teureren Unterkünfte ist, muss man auch noch die Kosten für einen Parkplatz hinzurechnen. Diese sind hier, wie in unseren Innenstädten auch, rar gesät. Als Erstes möchte ich ein bisschen bummeln, beginnend auf einer der Fußgängerbrücken über den Fluss. Eine davon liegt unmittelbar neben dem Hotel. Sie sind beliebte Treffpunkte, um bei gutem Wetter ein wenig zu chillen und vielleicht mit einem Craft Beer in der Hand gemeinsam den Abend einzuläuten, bevor es beim „pub crawl", der Kneipentour, hoch hergeht. Ich mache mich auf den Weg zur alten Markthalle Kirkgate Market. In vielen Städten Englands sind diese Wundergebäude des 19. Jahrhunderts aus Glas und Stahl noch erhalten. Ihre Pracht bildet häufig einen starken Kontrast zu den ansässigen Ausstellern, denn die glamourösen Zeiten sind hier leider vorbei. Dennoch lohnt sich ein Besuch, denn häufig findet man nun eine liebenswerte, sehr englische Schrulligkeit bei den Händlern vor, die dort oft schon lange Jahre residieren: Kurzwaren-, Metzger- und Friseurläden, seltsame Dekorationsgeschäfte mit einem Angebots-Gemisch aus Fahnen, Sprüche-T-Shirts, Kitsch-Souvenirs und Kunstblumen. Jeder ist gern für ein Schwätzchen zu haben.

Mit Glück findet man dort auch einmal einen Themen-Flohmarkt vor, wie ich heute. So kann ich zwischen Hippie-Kleidern und originalen Möbeln aus den 60er-Jahren stöbern und entscheide mich für ein schrill-buntes Blumenkleid, das von seiner Vorbesitzerin wahrscheinlich einmal selbst genäht worden ist. Wer weiß, bei welcher Gelegenheit ich das irgendwann tragen kann. Für das gehobenere Shopping-Erlebnis in alt-industriellem Ambiente besucht man das Corn Exchange, ebenfalls ein imposantes Handelsgebäude, das 2008 aufwendig renoviert wurde und nun eine Reihe charmanter, inhabergeführter Boutiquen beherbergt. Nur ein paar Schritte weiter liegt das kleine Bistro, in dem ich mir eine Pause gönne: Das Roots and Fruits ist liebevoll und gemütlich eingerichtet und bietet eine breite Auswahl an ausschließlich vegetarischen Gerichten. So erfrischt kann ich mein nächstes Ziel ansteuern, einen Buchladen, der gleichzeitig auch Ausstellungsraum für lokale Künstler ist, Colours May Vary. Wer sich für Design interessiert, ist hier genau richtig.

Es findet sich nicht nur ausgesuchte Sachliteratur, sondern auch ganz konkrete Kunst für den kleinen bis mittleren Geldbeutel. Mich spricht der Siebdruck einer Illustratorin aus London an, Margaux Carpentier. Da ich das kostbare Stück nicht auf der ganzen Reise mit mir herumtragen möchte, bitte ich die sympathische Betreiberin des Ladens, mir das Bild in zwei Wochen nach Deutschland zu schicken. Es ist problemlos möglich und ich freue mich jetzt schon darauf, mein Wohnzimmer mit diesem

Erinnerungsstück zu schmücken. Der erste Tag ist wie im Flug vergangen und nun knurrt mir der Magen. Für Leeds habe ich mir den Besuch eines indischen Restaurants vorgenommen. Aufgrund der kolonialgeschichtlichen Verbundenheit Groß Britanniens mit Indien ist diese Kultur hier überall sehr präsent. Die Auswahl an guter Gastronomie ist riesig und es ist für jeden Geschmack etwas dabei, allerdings warne ich davor, ein Gericht mit dem Hinweis „fiercly hot" zu bestellen. Dieser Schärfegrad nimmt keine Rücksicht auf zarte europäische Gaumen.

Allen, die sich im Besonderen dem Genuss indischen Essens verschrieben haben, sei noch das Food Festival empfohlen, das regelmäßig im bereits erwähnten Kirkgate Market stattfindet. Zum Abschluss möchte ich heute auf meine Ankunft angemessen anstoßen und den Tag mit einem leckeren Cider beschließen. Ich lasse mich also im Strom der Feierlustigen treiben, die seit der Dämmerung die Straßen von Leeds bevölkern. Auch hier bietet sich England-Reisenden oft ein eigenwilliges Bild, vor allem in den mittelgroßen Städten. Gut, dass ich mein neu erworbenes Hippie-Kleid angezogen habe, denn so falle ich nicht auf zwischen all den „hens and stags", also

„Hennen und Hirschen", die auffällig und ausgelassen die Kneipen- und Straßenszene beherrschen. Es ist die englische Art, einen Junggesell*innen-Abschied zu feiern und man bekommt in jedem Falle etwas zu sehen – ob es einem gefällt oder nicht. Ungeachtet dessen lohnt allein schon die Auswahl an stets frisch gezapften Ales und Ciders, den typisch englischen Pub-Getränken, (nicht nur am Abend) durch die Bars zu ziehen und eine umfangreiche Verkostung durchzuführen. Diese Getränke werden oft einfach mit schnödem Bier verwechselt, was aber auf keines von beiden wirklich zutrifft. Cider ist ein Apfelschaumwein, wie ihn viele wohl eher aus dem Französischen kennen.

Dem fermentierten Apfelsaft wird mit etwas Kohlensäure die nötige Spritzigkeit verliehen und es gibt ihn in fast ebenso vielen Geschmacksrichtungen wie es Biersorten gibt, von herb bis fruchtig, manchmal sogar aromatisiert. Ale ist, streng betrachtet, auch kein Bier, wie wir es im herkömmlichen Sinne definieren, denn es wurde ursprünglich ohne Hopfen vergoren. Heutzutage ist die Trennlinie hier aber nicht mehr so klar und mit dem jüngsten Bier-Hype sind auch in England viele weitere kleine Brauereien entstanden. Das bekannteste Ale, das man in fast jedem Pub bekommen kann, ist das IPA, das Indian Pale Ale, eine leicht süffige Variante mit fruchtiger Note. Cheers!

YORK

In York, das etwa eine Autostunde von Leeds entfernt liegt und das Zentrum von Yorkshire bildet, quartiere ich mich für die nächsten zwei Tage in einem typisch englischem Bed and Breakfast ein. Das sind in der Regel hübsche Privathäuser in englischer Reihenhaus-Bauweise, in denen auch die Betreiber selbst wohnen und in denen sie dann ein paar Zimmer für Gäste ausgebaut haben, nicht selten in einem gleichsam geschmackvollen wie plüschig-blumigen „Laura-Ashley-Stil". Die Gastgeber*innen sind oft sehr aufgeschlossen und kontaktfreudig und immer die beste Adresse, um nach lokalen Reisetipps oder Sehenswürdigkeiten zu fragen. In York wird es diesbezüglich etwas historischer. Berühmt ist die kleine mittelalterliche Stadt vor allem für seine 3,4 Kilometer lange Stadtmauer, die bereits aus der Römerzeit stammt, Jahrhundert für Jahrhundert aber immer wieder angepasst und umgebaut wurde. Auf ihr kann man einen entspannten Spaziergang machen und sich umfassend über die Geschichte der Mauer informieren, aber ebenso den Blick in Gärten und Hinterhöfe genießen, die an sie angrenzen. Natürlich ist auch die urige Innenstadt mit der ältesten Kopfsteinpflaster-Gasse Englands, „The Shambles", unbedingt einen Besuch wert, vor allem, um handgemachte Schokolade zu probieren, für deren exzellente Qualität York ebenfalls bekannt ist.

Als Krönung für mein Sightseeing in der Stadt nehme ich im Münster, das eines der größten gotischer Bauart in Nordeuropa ist, an einer kostenlosen Führung teil. Die leuchtend bunten Glasfenster und die Details der Innengestaltung aus vielen verschiedenen Epochen beeindrucken mich ebenso wie die Kompetenz und Unterhaltungsfreude der (wahrscheinlich pensionierten und ehrenamtlichen) Historikerin, die uns von der wechselvollen Geschichte der Kirche berichtet. In England wird bei solchen Gelegenheiten eine kleine Spende erwartet, als wohlwollende Geste und Vergütung, die sogenannte „donation". Und nun zu einem Lieblingsthema der Briten, der Eisenbahn: Sie liegt ihnen wohl vor allem deswegen so am Herzen, weil ihre Technologie in England entwickelt wurde. In York befindet sich mit dem National Railway Museum hierzu die entsprechende Würdigung dieser ruhmvollen Geschichte und Leidenschaft, denn durch seine zentrale geografische Lage bildete die Stadt schon immer einen Verkehrsknotenpunkt. Das Eisenbahnmuseum ist ein bemerkenswerter Ort. Es beherbergt über hundert Lokomotiven und annähernd zweihundert weitere Schienenfahrzeuge aus allen möglichen Zeiten. Es ringt mir doch Ehrfurcht ab, neben diesen riesigen Dampfmaschinen zu stehen, obwohl ich mich bislang nicht wirklich im Besonderen für dieses Verkehrsmittel interessiert habe.

Ich bewundere die ganz eigene Schönheit der Fahrzeuge, das lackierte, matt glänzende Metall, die Schwere und Wuchtigkeit, aber es erstaunt mich jetzt auch nicht mehr, dass in ihren Anfängen die rauchenden und lauten Loks vielen Menschen sogar Angst einflößten, als wären sie lebendige Monster, die außer Kontrolle geraten sind. Die exklusiven Wagen, in denen die Queens Platz nahmen, sind ebenfalls zu besichtigen, beginnend mit Viktorias persönlichem „coach" von 1869 bis hin zu Elisabeths aus den 40er-Jahren. Hat man sich erst einmal auf so viel Gediegenheit eingestimmt, kommt man nicht mehr darum herum, es sich selbst in einem solchen Waggon gemütlich zu machen und bei der Gelegenheit gleich eine üppige original englische „tea time" zu genießen – zugegeben, ein nicht ganz günstiger Snack mit über zwanzig Euro, aber dafür stilecht. Neben wirklich dem besten Tee der Welt, dem Yorkshire Tea, der im Kännchen vor sich hin zieht und darauf wartet, mit viel Sahne und Zucker verfeinert zu werden, türmen sich auf den drei Ebenen der Porzellan-Etagere köstliche Mini-Sandwiches mit Gurke oder Thunfisch belegt, „scones" mit „clotted cream and jam", also kleine süße Brötchen mit der unbeschreiblichen englischen Sahnebutter und Erdbeermarmelade, verschiedene Kuchen und exotische Häppchen.

Heute brauche ich sicher kein Abendbrot mehr; erst recht da ich weiß, was mir am Morgen in meiner Unterkunft bevorsteht, das ebenso legendäre englische Frühstück. Die Briten gehören, was das betrifft, nicht gerade zu Cholesterin-Verächtern. Zum Ei in unterschiedlichen Zubereitungsformen wie gerührt oder gekocht, gehören in jedem Fall Speck und

Würstchen, die man eher schon als frittiert bezeichnen könnte, denn als gebraten. Pilze, Tomate und „baked beans" sind da nur noch obligatorische Gemüsebeilagen und all das wird mit braunem oder weißem Toastbrot gereicht. In Yorkshire kann es einem passieren, dass das Fleischfest mit dem traditionellen „black pudding" noch auf die Spitze getrieben wird. Das ist eine Pastete aus gebackenem Schweineblut, kein Witz. Gezwungen werden zartbesaitete Europäer zu diesem Essen allerdings nicht. Mittlerweile findet sich als Alternative in der Regel auch eine Auswahl an Zerealien, immer aber auch ein Schälchen Haferbrei, denn ein frisch zubereitetes und magenschonend warm serviertes Porridge lieben die Engländer am Morgen genauso wie eine deftige Portion Fleischliches.

Bevor jedoch an das morgige Frühstück zu denken ist, möchte ich auch in York etwas flüssige Nahrung zu mir nehmen und schlendere am Abend noch einmal durch die berühmten „Snickelways", die Gässchen rund um die Kirche. Ich entscheide mich für eine winzige unauffällige Bar, die mit den aktuell drei Personen plus Barkeeper darin schon gut gefüllt erscheint. An der Theke bestelle ich ein „pint of ale"

– es gibt in einem englischen Pub nur zwei Größen, in denen man sein Getränk ordert, ein Pint (gut 500 Milliliter) und ein half Pint (eben die Hälfte vom Pint) – und komme sehr schnell mit allen Anwesenden ins Gespräch. Die drei Männer in dem Lokal kennen sich, offensichtlich ist es ihre Stammkneipe. Ich bin nicht überrascht, als ich erfahre, dass eine meiner neuen Bekanntschaften, John, gerade eine Doktorarbeit über die Geschichte der englischen Eisenbahn schreibt. Er ist so enthusiastisch, dass sich der junge Wirt immer wieder darüber lustig macht. Ich verstehe nicht alle Scherze, da er mit starkem Dialekt spricht. John empfiehlt mir, als nächstes Reiseziel den kleinen Kurort Harrogate anzusteuern, als er erfährt, dass ich mich mehr für Mode interessiere als für Dampfloks. Ich finde, das ist eine gute Idee.

HARROGATE

Nach Harrogate mache ich einen Tagesausflug und wer jetzt erst einmal genug vom Autofahren hat, der kann – inspiriert vom National Railway Museum und auf Empfehlung von John – auch bequem mit der Bahn reisen, denn eine Fahrt von York nach

Harrogate dauert lediglich eine dreiviertel Stunde. Die kleine, aber mondäne Stadt verdankt ihre Beliebtheit den Mineralquellen, die dort vorkommen und die dafür sorgten, dass sich Harrogate vor allem ab dem 18. Jahrhundert zu einer Bäder- und Erholungsstadt entwickelte. Diesem Boom setzte dann leider der Zweite Weltkrieg ein Ende.

Dem einen oder der anderen wird der Name vielleicht trotzdem noch im Ohr klingeln, denn in Harrogate war es, als unsere Nicole 1981 mit dem Titel „Ein bisschen Frieden" den Eurovision Song Contest gewann. Nichtsdestotrotz zeigt sich die Stadt auch heute noch als gepflegt gestalteter Kurort mit üppigen Parkanlagen und vielen touristischen Attraktionen. Dazu gehört sicher das Royal Pump Room Museum. Ein weiteres Mal stehe ich vor einem imposanten viktorianischen Gebäude, 1842 erbaut von Isaac Shutt, seinerzeit damit die Hautevolee in geschütztem Ambiente das heilende Quellwasser zu sich nehmen konnte. Nachdem die aktiven Zeiten von Harrogate als Kurort endeten, wurde das Haus 1953 in ein Museum umgewandelt. Auch hier nehme ich an einer „guided tour" teil, also an einer Führung. Der rotwangige und wohlgenährte ältere Herr erklärt uns Besuchern die Geheimnisse von Harrogates Wasser. Gleich am Anfang stehen wir dicht gedrängt in einem dämmrigen Kellerraum um eine alte klobige Pumpanlage herum und rümpfen kollektiv unsere Nasen. Schwefel. Dennoch wurden in den Hochphasen der Kurstadt jeden Morgen bis zu 1500 Gläser des speziellen Getränks ausgegeben. Heute darf das Wasser nicht mehr getrunken, sondern nur noch erschnuppert werden, denn es entspricht leider nicht den EU-Richtlinien für Trinkwasser.

Wer weiß, ob der Brexit da zu einer überraschenden Wiederbelebung verhelfen kann. Außer der Wasserpumpe bietet das Museum noch andere ausgesuchte Exponate und Wechselausstellungen. Modeinteressierte dürften sich über die Abteilung mit Badekleidung aus verschiedenen Epochen freuen, denn so etwas ist rar gesät. Überhaupt spielte Kleidung und ein gewisses weltmännisches Auftreten hier im kleinen Harrogate eine wichtige Rolle, waren sie doch damals schon Ausdruck des gesellschaftlichen Standes und des eigenen Geldbeutels. Ich bin so beeindruckt von dem kuriosen Museum, dass ich sogar einen Katalog erwerbe. Zurück an der frischen Luft habe ich Lust auf eine

Shoppingtour und das lohnt sich in Harrogate auf jeden Fall. Im schicken Montpellier Quarter gibt es viele kleine Läden mit Kunsthandwerk, natürlich Mode, Antiquitäten und lokalen Produkten. Aus diesem Grund wird das Viertel auch „home of the independents" genannt, Heimat der Unabhängigen. Ich picke nur einen Laden heraus, der mir besonders gut gefallen hat: Der „Covetshop" – to covet heißt wohlgemerkt begehren – bietet Geschenkideen, Interieur-Design, Souvenirs, Kleidung und Accessoires aus aller Welt an, geschmackvoll zusammengestellt von der Inhaberin selbst auf ihren persönlichen Reisen. Hier findet man Unikate aus japanischem Vintage-Kimonostoff ebenso wie Flechttaschen aus Marrakesch oder Seife mit dem Duft der Rosen aus Yorkshires Gärten. Ich entscheide mich für einen leichten indischen Baumwollschal.

Nach dem Bummeln zieht es mich in Betty's Tea Room, weil man dort nicht nur (seit hundert Jahren!) leckere hausgemachte Kuchen essen, sondern die kulinarischen Köstlichkeiten auch im Shop nebenan als Mitbringsel erwerben kann. Innen wie außen könnte es kaum britischer zugehen mit all den geschmackvoll betulichen Details in Pastell und

Messing. Für den Nachmittag habe ich mir die Mercer Art Gallery vorgenommen. Das Kunstmuseum eröffnete 1991 in einem der verbliebenen großen Kurgebäude und lockt seitdem mit wechselnden Ausstellungen, ohne sich dabei auf ein Genre festzulegen. Ich habe Glück und treffe auf Werke des berühmten William Turner.

Seine romantische Art der Landschaftsmalerei passt wirklich hervorragend zu der Stimmung, in der ich Betty's Tea Room verlassen habe. Diesen Tag möchte ich nun mit einem besonderen Aufenthalt beschließen: ein Wellness-Programm im Hammam von Harrogate. Ja, das Städtchen hat ein türkisches Bad, natürlich auch aus viktorianischer Zeit. Es ist vollständig so restauriert, wie es im 19. Jahrhundert von seinen betuchten, erholungsuchenden Gästen genutzt wurde, und das ist eine echte Pracht. Man wähnt sich im tiefsten Orient unter all den glänzenden Mosaiken in gedeckten Farben, gemischt mit ein wenig Kolonial-Schick, aus dem die flauschig-weißen Handtücher wie kleine Schneefelder hervorleuchten. Es könnte für mich kaum einladender sein. Ich buche eine Hot Stone Massage und döse danach noch eine gute Stunde im Spa Room, mit den Füßen im Sprudelbecken. Mit halb geschlossenen Augen träume ich davon, wie es wohl ausgesehen hat, als unter Königin Viktoria die bessere Gesellschaft in Harrogate manierlich ihre Ferien verbrachte und sich dabei über das Wetter austauschte. Spätestens jetzt bin ich in tiefster Urlaubsentspannung angekommen.

Fish 'n' ships, die Küste

Die Küsten sind die einprägsamsten Landschaften, die Großbritannien zu bieten hat, und Yorkshire bildet hierbei keine Ausnahme. Im Gegensatz zu den teils sogar lieblich anmutenden Regionen im Süden oder Westen des Landes, die durch den Golfstrom im Sommer fast karibische Züge annehmen können, wie zum Beispiel das weithin bekannte Cornwall, weht an der Nordsee ein rauerer Wind. Die Vielfältigkeit ist dabei erstaunlich. Naturliebhaber, vor allem Vogelbeobachter, kommen auf ihre Kosten, wenn sie die Schutzgebiete am Rand der North York Moores oder die Steilküsten im Süden mit großen Vogelkolonien von Tölpeln und Papageitauchern erkunden. Aber auch Touristen, die hingegen malerische Seebäder bevorzugen, treffen hier auf reizende Cottages, alte Kapitänshäuschen, Amüsement jeglicher Couleur sowie auf Mythen und Legenden rund um die britische Seefahrer-Geschichte. Ich möchte zwei der bekanntesten Küstenstädte vorstellen:

SCARBOROUGH

Scarborough scheint Menschen der unterschiedlichsten Art anzuziehen und so kann man dort kontrastreiche Eindrücke sammeln. Die Bucht, an der das Städtchen liegt, ist sanft und lang gezogen, beginnend mit der Landspitze, auf der die Burgruine Scarborough Castle steht und in deren Schutz der Hafen liegt, gefolgt von einem langen Strand, dessen Vergnügungen sich aber, wie bei allen Stränden hier, dem Wechsel der Gezeiten unterordnen müssen. Sanft oder heiter wirkt er aber zu keinem Zeitpunkt. Scarborough scheint ein wenig derbe und zugleich nostalgisch und strahlt doch gerade dadurch eine seltsame Attraktivität aus. Die glanzvollen Zeiten sind noch zu erahnen in den großzügigen Anlagen und in den Fassaden der Grandhotels. Ich komme in einem Gästehaus fast direkt am Hafen unter, was nicht unbedingt für jeden empfehlenswert ist, denn hier tobt am Abend auch das Leben. Pubs und Restaurants drängen sich dicht an dicht und auf der Promenade ist ein Jahrmarkt aufgebaut, inklusive Riesenrad. Die Ebbe sorgt am Hafen für ein seltsames Bild. Da das Becken leer ist, lehnen die Jachten mit den Kielen im Schlamm steckend, als wollten sie sich einen Moment ausruhen, bevor es wieder auf große Fahrt geht. Mein Magen knurrt und ich beschließe, dass ich ihn nun mithilfe eines weiteren Nationalgerichts der Briten beruhigen möchte, Fish 'n' Chips. Traditionell ist es das Filet vom Kabeljau, das großzügig mit Backteig umhüllt wird.

Dazu werden dick geschnittene, ebenfalls frittierte Kartoffelscheiben gereicht. Diese eigenwillige Art der Pommes frites wird in England aber nicht mit Ketchup oder Mayonnaise gewürzt, sondern mit Essig, und als zusätzliche Beilage – quasi für die Vitalstoffe – gibt es dazu Erbsenpüree. Wenn das alles frisch zubereitet wird, ist es tatsächlich eine köstliche Mahlzeit. Das finden leider auch die riesigen Silbermöwen, die hier die Fischbuden belagern wie Piraten eine Schatzinsel. Ich wünschte, ich wäre auch ähnlich schwer bewaffnet wie eine Piratin, um sie erfolgreich abzuwehren.

Die großen aggressiven und zugleich schlauen Vögel passen nur zu gut zum übrigen morbiden Charme. Auch die anderen Touristen ebenso wie die Einheimischen trotzen den Räubern mit vorgehaltener Hand in geduckter Haltung ihren Snack verzehrend. Der strenge Geruch nach Guano scheint hier keinen zu stören. Wir alle sind hart gesotten! Inzwischen hat der kleine Jahrmarkt angefangen zu dudeln. Mein Blick fällt auf die Werbung eines Schausteller-Wagens. Alita Lee, Spiritistin und Wahrsagerin, verkauft Visionen: „Deine Hand birgt heute die Zukunft von morgen. Ratschläge für Gesundheit, Liebe, Beruf und Zuhause." Ich bin Realistin und gehe einen Wagen weiter, denn ich ziehe ein Eis zum Nachtisch einer Weissagung vor. Heute gesund ernährt. Ich spaziere weiter, einer bekannten städtischen Grünanlage entgegen, werde aber auf dem Weg abgelenkt. Auf einer großen Freiluft-

Kurkonzertbühne spielt eine Big Band in creme-rot gestreiften Uniformjacken Dixie-Jazz. Es nieselt leicht, aber das grauhaarige Publikum unter ebenfalls roten Sonnenschirmen lässt sich davon nicht stören. Ich komme mir ein bisschen aus der Zeit gefallen vor. Der Peasholm Park holt mich auf entspannte Art wieder ins Hier und Jetzt zurück. Das Grün wurde 1911 rund um einen See angelegt und ist bekannt für seinen asiatischen Bereich.

Die Inspiration für dessen Gestaltung ist auf das berühmte Design eines Porzellan-Tabletts zurückzuführen. Das sogenannte „Willow Pattern" zeigt eine vermeintlich chinesische Legende, die in Wahrheit von einem englischen Geschäftsmann erfunden wurde, um dessen Umsatz mit Geschirrwaren anzukurbeln: Das Märchen erzählt die Liebesgeschichte einer Prinzessin, die sich nicht standesgemäß verheiraten will, sondern sich in einen Sekretär verliebt und mit ihm auf eine Insel flieht, um ihrem offiziellen Verlobten zu entkommen. Der aber macht die beiden dort ausfindig und steckt aus Rachelust die ganze Insel in Brand. Die Götter jedoch, die von der Liebe der beiden gerührt sind, lassen ihre Seelen in Form von weißen Tauben in den Himmel entfliehen. Der

Eintritt in den Park ist übrigens kostenlos. Ich suche mir eine schattige Bank, beobachte die zutraulichen Eichhörnchen und ruhe mich ein wenig aus. Mir steht schließlich Aufregendes bevor... Zurück in der Innenstadt besuche ich dort gezielt eines der alten Grandhotels. An imposanter Architektur mangelt es in England an keinem Ort, daher erstaunt es einen auch nicht, dass alles Mögliche in Prachtbauten untergebracht wird, so wie auch hier. Im riesigen Saal des Erdgeschosses stehen heute keine tiefen Plüschsessel und Mahagoni-Tische mehr, sondern stattdessen Spielautomaten.

Fast ebenso leidenschaftlich wie die Jugendlichen in Japan begeistern sich die englischen Kids für diese Art des Entertainments. Es ist ohrenbetäubend laut und überall blinkt es. Dennoch versuche ich mein Glück an einem dieser Automaten, an denen ich schon als kleines Mädchen versucht habe, mit einem per Knopfdruck gesteuerten Greifarm ein Kuscheltier aus einem Haufen Plüsch herauszupicken. Natürlich gelingt es mir nicht und ich verliere schnell die Lust. Ich fliehe in den nächstbesten Tearoom, diesmal reicht mir das Getränk, denn ich bin noch pappsatt vom üppigen Mittagessen, und hänge meinen Eindrücken nach. Die Gegensätze, die sich einem in dieser Stadt aufdrängen, spiegeln ein Stück weit das eigene Innere wider. Vielleicht besteht darin ihre Anziehungskraft. Mir fällt eine Fernsehdokumentation über einen Literaten ein, der in Scarborough eine Zeit lang auch zwei Disziplinen kombiniert hat, die man auf den ersten Blick vielleicht nicht miteinander in Verbindung bringen würde, Poesie und Sport. Während sich eine Reihe von Menschen zum Schwimmen im Atlantik versammelten, begleitete John Wedgewood Clarke ihre Leibesaktivitäten mit dem Vorlesen von Gedichten.

Das könnte ich mir auch sehr gut vorstellen, allerdings eher im Schwimmbad, denn hier sind mir die Wassertemperaturen schlicht zu kalt. Obwohl ich jetzt gerade keinen Gedichtband dabei habe, gefällt mir die Idee so gut, dass ich mich auf den Weg in den Alpamare Waterpark mache. Im Besonderen freue ich mich darauf, neben jeder Menge Poolspaß im dortigen Wellnessbereich an meinen Besuch in Harrogates Haman anzuknüpfen.

WHITBY

Auch in Whitby quartiere ich mich in einem Bed and Breakfast ein, dem Riviera Guesthouse Whitby, in zweiter Generation familiengeführt. Diese Art der Unterkünfte müsste es in viel mehr Ländern geben, finde ich. Sie sind fast immer die ganze Leidenschaft ihrer Betreiber und außerdem kommt man auf diese Art auch sofort in Kontakt mit den Einheimischen, anstatt in der Anonymität und Konformität großer Hotels zu versinken. Meinen Aufenthalt in der hübschen Küstenstadt möchte ich mit einem großen Namen beginnen, Captain Cook. Walker's House, wo er 1746 mit achtzehn Jahren seine Lehre zum Seemann begann, um später zur Royal Navy zu wechseln, ist ihm zu Ehren nun ein Museum umgewandelt.

Es widmet sich ebenso seiner Anfangszeit in Whitby wie seinen darauffolgenden Entdeckungsreisen, durch die er später so bekannt wurde. Mithilfe zahlreicher Bilder und Modelle wird einem die Weltsicht Cooks und der Zeitgeist des 18. Jahrhunderts nahegebracht. Allen, die sich für die Seefahrt dieser ruhmreichen Zeit Englands begeistern können, sei an dieser Stelle ein Film empfohlen: „Master and Commander" aus dem Jahr 2003 mit dem großartigen Russel Crow in der Hauptrolle, ein unglaublich aufwendig gestalteter Ausstattungsfilm mit zahlreichen Bildzitaten von alten Original-Seestücken. Russell Crow, der im Film mit dem englischen Marineoffizier Jack Obrey eine Romanfigur von Patrick O'Brian verkörpert, erzählt darin sogar eine Anekdote über seine Begegnung mit Cook, als er selbst noch grün hinter den Ohren war.

Beim Abendessen mit seinen eigenen Offizieren, nun selbst zum gestandenen Kapitän gereift, steigt die Spannung ins Unermessliche, als er berichtet, wie er als junger Mann zitternd vor Ehrfurcht bei Tisch von seinem berühmten Vorbild persönlich angesprochen wird: Er kann es kaum glauben und erwartet Weises, als Cook sich ihm zuwendet und das Wort an ihn richtet: "May I trouble you for the salt?" Würden Sie mir bitte das Salz reichen? Ach, englischer Humor. Der Gedanke an diesen brillanten Film, der größtenteils auf Schiffen spielt, erinnert mich daran, dass ich eigentlich auch schon viel zu lange nicht mehr auf dem Wasser war. Ich beschließe, eine Tour mitzumachen auf dem Mini-Nachbau von Captain Cooks erstem Schiff, der Endeavour. Ich werde die „Captain Cook Experience" wagen. Die Replik des

Originals ist etwas kleiner als halb so groß wie das Originalboot, mit dem der legendäre Seemann 1768 zu seiner ersten Südsee-Expedition aufbrach. Ich nehme an Deck auf einer dunklen Holzbank Platz und lausche abwechselnd der musikalischen Untermalung und den Geschichten, die unser Kapitän über den berühmten Kollegen, aber auch über die Küste Yorkshires und im Speziellen über den Hafen Whitbys zu berichten hat. Das Wetter spielt mit, die Sonne strahlt von einem wolkenlosen Himmel und als wir das munter plätschernde Hafenwasser verlassen Richtung Sandsend, dem Nordwest-Zipfel von Whitbys beeindruckendem Strand, lugen sogar ein paar Seehunde aus den Wellen, als wollten sie uns grüßen. Das gemäßigte Abenteuer dauert eine halbe Stunde. Wieder festen Grund unter den Füßen habe ich jetzt richtig Lust auf einen flotten Spaziergang.

Da bietet sich der Ausflug zur legendären gotischen Klosterruine Whitby Abbey an. Sie liegt auf einer Anhöhe auf der Ostseite des River Esk und wenn man der Ruine so entgegengeht und sich die Umrisse der Mauern, Türme und Fenster als Schatten gegen den blauen Himmel abheben, wundert es einen nicht mehr, dass Bram Stoker 1890 hier die Inspiration zu seinem Roman Dracula fand. Ich wandere draußen durch die Gemäuer und informiere mich im angeschlossenen Museum über die geschichtlichen Hintergründe des Kirchenbaus aus dem 13. Jahrhundert: Ich erfahre, dass der Ort als religiöse Stätte bereits viel früher etabliert wurde, im Jahr 657 n. Chr., allerdings für keltisches Brauchtum. Erst 1077 wurde daraus zunächst ein benediktinisches Kloster, das später während der englischen Reformation im 16. Jahrhundert schließlich ganz aufgelöst wurde. Nun gönne ich mir erst einmal eine Pause an einem der Gartentischchen vor dem Gebäude.

Dank English Heritage hat auch Whitby Abbey einen kleinen Shop und ein Café, das für ein kurzes Verschnaufen vollkommen ausreicht. Für alle, die nach dem Anblick dieser Kulisse Lust bekommen haben, sich noch ein wenig weiter zu gruseln, gibt es in Whitby das Pendant zur „Captain Cook Experience", nämlich die „Dracula Experience", eine Art fest installierter Geisterbahn in schönster klischeehafter Jahrmarktmanier. Zum Abendessen möchte ich mir heute einmal etwas gehobenere Küche gönnen und kehre ein im Star Inn The Harbour, dessen Chefkoch Andrew Pern in seinem ersten Restaurant bereits mit einem Michelin-Stern dekoriert wurde. Trotz der hohen Erwartungen an die Qualität des Essens, braucht man kein Etepetete zu befürchten. Das Lokal kommt innen rustikal und einladend daher und ist, wie es sich gehört, natürlich erfrischend maritim dekoriert. Im Star Inn gibt es eine vielfältige Auswahl an Gerichten und Spezialmenüs. Es ist also für jeden Geldbeutel etwas dabei. Ich entscheide mich aber für das empfohlene Dinner mit sechs Gängen und finde dafür die umgerechnet siebzig Euro auch wirklich nicht zu teuer. Zur Einstimmung gibt es ein Glas Champagner und ein paar Kanapees.

Dann geht es los mit Hummer-Risotto gefolgt von glasierter Entenbrust mit getrüffeltem Rührei. Als Dessert genieße ich Ingwer-Rhabarber-Cheese-cake und schließe den Magen mit Käse und Crackern, übrigens einmal mehr so eine englische Tradition. Eigentlich hatte ich mich auf einen Kino-Abend im Whitby Pavillon gefreut. In dieser pompösen Event-Location über dem weitläufigen Strand von Sandsend gibt es in der Saison ein reiches Kulturangebot von Konzerten über Theater bis hin zu Kinoklassikern. Heute wäre es für mich eine Jane-Austen-Verfilmung gewesen, aber die fällt wohl leider aus. So „stuffed" wie ich jetzt bin, kann ich nur noch zurück in mein Bed and Breakfast rollen.

Beauty England

WANDERN IN DEN NORTH YORK MOORES

Mein Auto lasse ich heute Morgen stehen und besteige stattdessen die historische Eisenbahn, die North Yorkshire Moores Railway, um einen guten Ausgangspunkt für meine bevorstehende Wanderung in der großen geschützten Heidelandschaft zu haben, die im Nordosten direkt ans Meer angrenzt. Wir werden allerdings nur eine Station mit dieser niedlichen Dampflok reisen, auch wenn das im gemütlichen Tempo bereits fast eine halbe Stunde dauert. Heute ist Entschleunigung angesagt. Der Nationalpark North York Moores wird durch die britische Regierung geschützt und gepflegt. Ein Team von zwanzig bis dreißig Mitarbeitern kümmert sich um Instandhaltung der Wege und Anlagen, Bänke, Shops und Info-Center. Auf der Homepage der Organisation kann man sich umfassend über die Wanderwege, deren Ausstattung und interessante Sehenswürdigkeiten informieren. Sie sind hier bequem nach Streckenlänge aufbereitet und ich habe mir eine Route von ca. 13 km ausgesucht, die mich von Grosmont wieder nach Whitby zurückführt. Der kleine Ort hat der Eisenbahn viel zu verdanken. Erst durch ihren Ausbau 1835/36 – übrigens zur selben Zeit, als auch in London der erste Bahnhof eröffnete – wurde hier auf diese Weise eine Handelsroute von der Küste ins Inland etabliert. Ich befinde mich also einmal mehr auf den Spuren der Eisenbahn-Pioniere Englands.

Der Abschnitt, den ich mir vorgenommen habe, ist ein Teilstück des Esk Valley Walks, der auf insgesamt 60 km dem Lauf des Flusses Esk folgt. Das Symbol, das mir den Weg weist, ist passenderweise ein springender Lachs. Beauty England zeigt sich von seiner schönsten Seite. Auch wenn die Landschaften hier immer so aussehen, als hätte Mutter Natur einen wunderbaren Blick für perfekte Proportionen und Perspektiven bewiesen, ist auf der Insel wohl nicht mehr ein Fleckchen Erde, an dem nicht wir Menschen Hand angelegt hätten. Es geht über grüne Wiesen mit wohlgesetzten Hecken und Büschen, bewachsenen Mäuerchen, Palisaden und Baumgruppen. Die Unterteilung der Feldflächen erfolgte vor der industriellen Revolution durch diese sogenannten Einhegungen, die nun zum Liebreiz der Landschaft beitragen.

Überwinden muss man sie oft mithilfe einiger wackeliger und unebener Steinstufen. Hier heißt es, immer sehr aufmerksam zu klettern. Manchmal führt die Wanderung über nicht befestigte Wege, Wiesen und Weiden, auf denen auch durchaus noch Vieh stehen kann. Nicht immer sind das die niedlichen Schafe, über deren Spitznamen „ewes" ich mich nicht mehr wundere, wenn ich sie blöken höre. Als Städterin und „Pferde-Phobikerin" ringt es mir dann doch einige Überwindung ab, als ich eine Wiese überqueren muss, auf der drei riesige Pferde grasen. Ich bin dann sehr stolz auf mich, als ich über die Mauer auf der anderen Seite kraxele, geschafft. Geh an die Orte, die du fürchtest, heißt es in einem meiner Lieblingsbücher. Das habe ich jetzt getan. Ein gutes Stück der Strecke spaziert man direkt neben dem Ufer des River Esk. Die Tiefebene ist teilweise sehr flach und wird deshalb oft stark überflutet. Diese Hochwasser haben auch schon die eine oder andere Brücke zerstört. Trotzdem ist es sehr idyllisch, an einem Flusslauf entlangzuwandern. Nach weniger als zwei Stunden, etwa auf halber Strecke, erreiche ich Sleights und kaufe mir bei Botham's, der kleinen Konditorei dort, köstliche hausgemachte Brötchen in verschiedenen Sorten und einen wunderbar klebrigen, gehaltvollen Fruchtkuchen für den Rest des Weges.

Wieder in Whitby angekommen, an seiner äußersten Spitze, dem West Pier, blicke ich geradeaus vorbei an den zwei Leuchttürmen auf die Nordsee und links von mir erstreckt sich nun Whitby Sands, der bereits erwähnte lang gezogene Strand der Stadt. Es ist genau der richtige Moment, um meine beanspruchten Füße im kühlen Meerwasser zu entspannen. Für ein Ganzkörperbad ist es mir nach wie vor zu frisch. Stattdessen breite ich meine Picknickdecke im Sand aus, setze mich gemütlich auf ein Badehandtuch, schenke mir etwas Tee aus der Thermoskanne ein und vertilge genüsslich den verbliebenen Fruchtkuchen. Holiday rules! Nach einem so herrlich vertrödelten Nachmittag schlappe ich durchsonnt zum Auto zurück, rubbele mir die Sandreste von den Zehen und visiere mein nächstes Ziel für den Abend an: Pickering, von Whitby aus etwa eine halbe Stunde Autofahrt entfernt. Dort habe ich mich im White Swan Inn einquartiert. Es ist wieder eine etwas gehobenere Unterkunft, aber das angeschlossene Restaurant ist ein Insider-Tipp aus dem Reiseführer „Alastair Sawday's Special Places" und Pickering ist ein guter Ausgangspunkt für meine beiden nächsten Ausflüge.

CASTLE HOWARD UND DAS RYEDALE FOLK MUSEUM

Um die Muskeln zu schonen und für einen abwechslungsreichen Reiseplan folgt auf meinen Wandertag nun eine Schlossbesichtigung, fast schon etwas spät für die große Auswahl an Herrensitzen in Yorkshire. Ich habe mir eines der pompösesten ausgesucht, Castle Howard. Schlösser gehören zu England wie die Queen und ebenso verhält es sich mit den Parkanlagen und der Gartenkunst. Die Fahrt mit dem

Auto dauert nur gute zwanzig Minuten, bis ich das weitläufige Areal über eine lange, vornehme Allee aus Buchen und Linden erreiche. Die touristische Infrastruktur rund um diese imposante Sehenswürdigkeit ist perfekt organisiert und natürlich ist ein riesiger Parkplatz verfügbar.

Das Schloss wird dem Barock zugeordnet und entstand zwischen 1712 und 1759 im Auftrag des dritten Earl of Carlisle, auch wenn man mit so einem Haus nie wirklich fertig wird. Drei Generationen und hundert Jahre wurde daran herumgewerkelt und der Gestaltung wurde daher eine gewisse Unausgewogenheit nachgesagt, als es im November 1940 einen zusätzlichen Rückschlag gab: Ein Feuer zerstörte fast ein Drittel des Gebäudes, einschließlich des Doms, der als gelungenster Teil galt. Erst zwanzig Jahre später begannen die Restaurierungsarbeiten und der Wiederaufbau, um das Anwesen sowohl als Wohnhaus für die Familie herzurichten, als auch um es für Besucher zu öffnen. Noch heute wird die Anlage von den Nachfahren der Adelsfamilie bewirtschaftet. Das ist eine umfangreiche Aufgabe, denn neben der Instandhaltung werden auch Ferien-Cottages vermietet, Wechsel-Ausstellungen gezeigt,

Festivals und Sportveranstaltungen organisiert und vieles mehr. Und falls Sie noch eine dramatische Historienkulisse für Ihren nächsten Film suchen, auch dafür sind die Howards offen. Eine der jüngsten Produktionen, die dort entstanden ist, knüpft wieder einmal an die Zeit an, die offensichtlich eine der einprägsamsten für England war: Es wurde eine TV-Serie über das Leben von Queen Viktoria gedreht. Nicht umsonst ist eine ganze Epoche nach dieser Königin benannt worden. Ich beschließe, mich mit einer Führung durch die Innenräume des Schlosses einzustimmen. Für Besucher, die das Englische nicht so gut verstehen, gibt es natürlich Medien mit der entsprechenden Übersetzung in verschiedenen Sprachen. Wir schlendern in einer international durchmischten Gruppe durch Schlafgemächer und Ankleidezimmer, prunkvolle Säle und Salons – zum Musizieren, Lesen, Dinieren, Tanzen oder auch einfach, um zu repräsentieren.

Sie sind nach Farben oder Themen benannt, wie „Der Gartensaal" oder „Der türkise Salon". Wir bewundern Seidentapeten, Gemälde, glänzende Möbel und Porzellan. Adel verpflichtet. Es ist Zeit für frische Luft! Castle Howard hat sozusagen einen

Vorzeige-Garten, bezogen auf diese britische Leidenschaft, wobei Garten es vielleicht auch nicht ganz trifft bei mehr als 400 Hektar Parklandschaft, worin die Wirtschaftsflächen und Wälder noch nicht einmal eingerechnet sind. Die Grünanlage beginnt am Fuße des erhöht stehenden Hauptgebäudes mit den Parterre-Gärten, durch die schmale Spazierwege führen, geschmückt mit Springbrunnen und Skulpturen. Es ist schon hier in den labyrinthartig angelegten Themenbereichen leicht, sich zu verlaufen, aber ich habe keine Termine.

Also lasse ich mich treiben durch duftige Rosenbeete, Gemüse- und Kräutergärten und durch üppig bunte Blütenmeere, deren Arten ich noch nie in meinem Leben gesehen habe. Überall laden zierliche Bänke und Lauben zum Verweilen und Kontemplieren ein und irgendwie befällt mich der Wunsch nach passender historischer Kleidung, damit ich mich optisch selbst in das Ambiente einfüge, aber man kann nicht alles haben. Hinter dieser anheimelnden Kleinteiligkeit öffnet sich die Anlage in die Königsdisziplin der englischen Gartenkunst, ich betrete den englischen Landschaftspark. Hier geht es um ausgefeilte Perspektiven für den perfekten „view". Wenn ich also an einem bestimmten Punkt verweile und meinen Blick schweifen lasse, soll sich mir die Landschaft wie ein Gemälde zeigen mit Hügeln, Wasserspielen und Bäumen, die perfekt zueinander ausgerichtet sind und sich in ausgewogener Proportion in ihrer Schönheit ergänzen. Funktioniert echt. Das Können der britischen Genies raubt mir tatsächlich immer wieder den Atem und wer es zur Meisterschaft in diesem Fach bringen möchte, begibt sich noch heute in England in die Lehre. Für Interessierte, die an dieser Stelle weiter forschen möchten, sei der Name eines der bekanntesten Gartenarchitekten Englands genannt, Lancelot Capability Brown, der von 1732 bis 1770 Großbritanniens Herrenhäusern seinen grünen Stempel aufdrückte.

Mich verwundert dabei am meisten die Weitsicht solcher Pläne. Wir beschäftigen uns hier schließlich nicht mit einjährigen Kübelpflanzen, sondern mit sehr langsam wachsenden Bäumen und Arrangements, die erst Jahre oder gar Jahrzehnte später zu ganzer Pracht kommen, um die vollkommene Aussicht zu kreieren. Eine wichtige Rolle spielen hierbei vor allem die Orte, von denen aus man in die Szenerie hinausschauen soll. Der Blickwinkel muss

stimmen. Unauffällig leiten einen die geschwunge-
nen Wege zum Beispiel zu einem antik-italienisch
anmutenden Tempel, zu einem Gartenhaus, einer
Terrasse oder einfach nur zu einer Bank, wo man
dann verweilt und sich vom furiosen Effekt so viel
grüner Pracht und Harmonie überwältigen lässt.

Weiter geht es in den Wald. Ray Woods wird
durch eine gemeinnützige Organisation gepflegt und
verwaltet und ist somit als unabhängig von Howard
Castle zu betrachten. Es ist ein ca. 50 Hektar großer
Wald, oder besser gesagt eine Baumsammlung, denn
er beherbergt viele Hundert Arten von Pflanzen aus
aller Welt, darunter annähernd achthundert verschiedene Rhododendron-Sorten, Hortensien, Mag-
nolien und und und. Ein Zauberwald zu jeder Jahres-
zeit. Howard Castles Verantwortliche bemühen sich
um Nachhaltigkeit und helfen in diversen Projekten,
auch alte Kulturlandschaften wieder aufleben zu lassen. Es werden sogar ein eigenes Gewächshaus und
eine Baumschule betrieben und auch Besucher können hier ihre neuesten Favoriten für den Hausge-
brauch erwerben. Was Shopping betrifft, hat das All-
rounder-Schloss ohnehin einiges zu bieten, wie zum
Beispiel einen Hofladen, in dem die Erträge der

Howardschen Landwirtschaft feil geboten werden, wie leckere Käse, Obst und Gemüse. Für das stilechte Lustwandeln in den Grünanlagen kann man sich hier sogar einen Picknickkorb mit heimischen Spezialitäten und köstlichen Sandwiches packen lassen. Das ist für mich die perfekte Art, meinen Schloss-Tag kulinarisch abzurunden, auch wenn mindestens drei weitere einladende Gastronomie-Angebote auf dem Gelände des Herrenhauses zur Einkehr locken würden. Ich bin dann mal auf der grünen Wiese, guten Appetit.

Mein zweiter Ausflug führt mich von Pickering zwanzig Autominuten nach Nordwesten in das Ryedale Folk Museum in Hutton-le-Hole. Diese Art von dörflichen Freilichtmuseen kenne ich auch aus Deutschland. Verschiedene exemplarische Gebäude sind originalgetreu wieder aufgebaut und zeigen die Geschichte einer besonderen Region, hier die des Distrikts Ryedale von der Eisenzeit bis in die 1950er-Jahre. Neben Schmiede, Dorfladen, Postamt und Apotheke gibt es auch wieder ein Herrenhaus zu besichtigen. Im Besonderen lohnt es sich, einen Blick in das nachgebaute Fotostudio von William Hayes aus dem Jahr 1902 zu werfen, denn Ateliers dieser

Art sind nur wenige erhalten. Man darf sich einen Spaß daraus machen, vor der originellen Kulisse ein Selfie zu knipsen, ausgestattet mit zeitgemäßer Kleidung, die das Museum zur Verfügung stellt. Darüber hinaus gibt es auf dem Gelände auch jede Menge Tiere, wie es sich für ein Freilichtmuseum gehört, vor allem alte Haustierrassen von Hühnern, Schweinen und natürlich „ewes", also Schafen. Auf der ganzen Anlage lässt es sich gut einen Vormittag herumlaufen. Zum Lunch wechsle ich dann in den Ort. Hutton-le-Hole mutet selbst schon ein wenig an wie ein Freilichtmuseum, aber diesen Eindruck habe ich in kleinen englischen Dörfern ohnehin meistens, weil alles so malerisch aussieht und auch noch hübsch zurechtgemacht ist, zum Beispiel mit Wimpel-Ketten, die über die Straßen gespannt werden, und selbstverständlich mit üppiger Blumen-Dekoration, wohin das Auge schaut.

Dabei wohnt dieser Gestaltung immer der Anschein einer leichten Hand inne. Nie ist es zu gerade, nie zu ordentlich oder zu sauber getrennt, immer lässig bunt gemischt. Wer kann, der kann. Nach einem deftigen Mittagessen im „The Crown", einer typisch englischen Dorfkneipe, breche ich zügig auf, denn diesmal wird es eine etwas längere Autofahrt. Mein Ziel ist die Westgrenze von Yorkshire und zugleich die Nordseite des zweiten bekannten Naturschutzgebietes der Region, den Yorkshire Dales. Außerdem werde ich mir heute einen Mädchentraum zu erfüllen, eine Übernachtung in einem Schloss. Auf nach Augill Castle.

DAS RIBBLEHEAD VIADUCT IN DEN YORKSHIRE DALES

Wenn man es genau nimmt, befindet sich Augill schon nicht mehr in Yorkshire, sondern in der Nachbar-Region Cumbria. Die Fahrt zu dieser außergewöhnlichen Unterkunft ist spätestens ab Church Brough nichts mehr für schwache Nerven. Die Straßen werden immer schmaler und ich bin mir fast sicher, dass solche wie diese bei uns auf dem Kontinent nicht einmal mehr in einer Karte verzeichnet wären. Hinzu kommt, dass jede Landstraße hier von Mauern oder dichten Hecken begrenzt wird, sodass man im Notfall, nämlich bei Gegenverkehr, kaum ausweichen kann. Dieser Notfall tritt aber eigentlich fast nie ein, denn gerade hier sind die Engländer entspannte Autofahrer, geradezu schlafwandlerisch erscheint mir das Stoppen, Vorlassen oder zügige Vorbeifahren mit freundlichem Gruß, Autoballett. Trotzdem bin ich gut durchgeschwitzt, als sich mein Ziel vor mir erhebt, ein Puppenschloss wie aus dem Bilderbuch. Ich stelle das Auto auf dem Kiesparkplatz vor dem Eingang ab und schaue mich um. Rund um das Mini-Herrenhaus im neogotischen Stil mit hohen Bogenfenstern erstreckt sich einmal mehr eine charmante Grünanlage mit kleineren Sitzgelegenheiten, Nutzgärten und Blütenteppichen.

In der Ferne erheben sich sanft die Hügel der Dales. Mit einem tiefen Seufzen des Wohlbehagens betrete ich die Eingangshalle. Es öffnet sich ein weitläufiger Bereich, in dem vorn ein Pult zum Einchecken bereitsteht, dahinter jedoch schon der Saal mit einer langen schweren Tafel sichtbar wird. Wahrscheinlich gibt es dort morgen Frühstück. Eine junge Frau begrüßt mich auf angenehm informelle Weise. Das Haus wird seit 1997 von einem Ehepaar geführt, dessen geschmackvolle Handschrift sich in der Einrichtung zeigt, aber auch in der lockeren Herzlichkeit, mit der die Gäste hier empfangen werden. Ich habe das Gatehouse gebucht, eine Art Maisonette-

Flügel mit kleiner Privat-Terrasse. Die Übernachtung wird mich das Doppelte meines eigentlichen Budgets kosten, aber das ist es auch wert. Die Mischung aus Landhaus-Schick, modernen Accessoires und Komfort auf höchstem Niveau ist kaum zu toppen. Nachdem ich mein Gepäck hineingebracht habe, erkunde ich die Räume des Haupthauses. Hinter dem großen Esszimmer gelangt man in eine Art Lounge-Bereich, ein Riesen-Wohnzimmer mit Kamin, Bibliothek und tiefen, gediegenen Ledersofas. Hoch zufrieden mit meiner Wahl bestelle ich eine „tea time" mit allem Drum und Dran, die derjenigen im National Railway Museum in nichts nachsteht. Bin ich im Himmel? Nach und nach finden sich auch andere Gäste ein, vor allem Amerikaner. Es wird in lockeren Grüppchen herumgesessen und wir kommen schnell ins Gespräch.

Dass einem der Kontakt zu anderen Gästen leicht gemacht wird, gehört zur Philosophie des Hauses. Dem Hinweis auf die gut bestückte „honesty bar" nebenan (Man bedient sich selbst und zahlt später die Getränke zusammen mit der Hotelrechnung) mit einer Auswahl hervorragender lokaler Gins kommen wir nur allzu gern nach. Der Abend wird diesmal etwas länger als sonst. Auch am nächsten Morgen essen wir alle gemeinsam an einem Tisch, knüpfen an die Unterhaltungen von gestern an und plaudern über unsere Reise-Erlebnisse.

Ich lasse mir ein paar Sandwiches einpacken und befülle meine Thermoskanne mit Tee, denn heute mache ich mich auf zu meiner zweiten Wandertour, diesmal hier in den Yorkshire Dales. Sie ist ähnlich lang wie meine erste Wanderung, aber etwas anspruchsvoller, was die Höhenmeter betrifft. Trotzdem sollte ich nicht viel länger als vier Stunden unterwegs sein. Ich habe mir diese Strecke ausgesucht, da ich gern das Ribblehead Viaduct sehen möchte – das Thema Eisenbahn zieht sich wie ein roter Faden durch die Reise – eine imposante Tal-Überführung, die Yorkshire mit Cumbria verbindet und von 1870 bis 1874 für die Bahnstrecke Settle-Carlisle erbaut wurde. An der Kreuzung der zwei größten Straßen direkt an der Bahnstation Ribblehead kann man sein Auto parken. Die Yorkshire Dales haben in ihrer Kargheit schon fast etwas Wüstenhaftes. In dieser reduzierten Landschaft wirkt die monumentale Brücke noch erhabener, als sie ihre Ausmaße ohnehin schon machen. Das Viadukt ist 32

Meter hoch, 402 Meter lang und wird von 24 massiven Steinsäulen getragen. Bei der Erbauung ließen so viele Männer durch Abstürze und tödliche Unfälle ihr Leben, dass die Eisenbahn eine Erweiterung des örtlichen Friedhofs bezahlte. Den Monumentalbau hinter mir lassend folge ich einem Teil des Three-Peak-Walks (Drei-Gipfel-Weg), von dem aus man immer wieder oder sogar gleichzeitig die drei höchsten Gipfel der Dales hier sehen kann: Ingleborough und Whernside im Westen und Pen-y-Gent im Osten. Die wenigen Schafe hier stehen weit verteilt und es gibt sonst nicht viel, das den Blick ablenken könnte, außer nach einiger Zeit der kleine Force Gill Wasserfall oder die Schienen und Tunnel der Eisenbahnlinie. Ich laufe über staubige Sandwege oder gelblichgrüne trockene Wiesen und finde viel Zeit zum Nachdenken und zu einer Rückschau auf die vergangenen Tage. Es liegen nur noch zwei weitere vor mir.

Meine Unterkunft für die nächsten zwei Nächte ist ein klassisches Bed and Breakfast in Penrith, einem Örtchen, das schon recht weit oberhalb der Grenze Yorkshires liegt, nahe an meinem nächsten Ausflugsort in Cumbria und zugleich habe ich es dann übermorgen nicht mehr so weit zurück nach

Newcastle.

EIN AUSFLUG NACH CUMBRIA: LOWTHER CASTLE UND OTTO

Zwei Wanderungen, zwei Schlösser. Ich möchte mir noch etwas anderes ansehen als so einen Prachtbau wie Castle Howard und habe mir Lowther Castle ausgesucht, die Ruine eines Landhauses der Earls of Lonsdale. Auch wenn der Originalbau bereits aus dem 17. Jahrhundert stammte, wurde das Herrenhaus erst seit einer Erneuerung 1814 Lowther Castle genannt. Die Familie lebte dort bis ins 20. Jahrhundert hinein, allerdings brachte sie der extravagante Lebensstil des 5. Earl of Lonsdale um einen großen Teil ihres Vermögens, sodass der Landsitz 1937 aufgegeben wurde. Ein etwas genauerer Blick auf Hugh Cecil Lowther lohnt sich schon, denn er war eine schillernde Persönlichkeit. Als zweiter Sohn des 4. Earl rechnete er nicht mit einer nennenswerten Erbschaft, aber sein älterer Bruder, der das Anwesen übernommen hatte, verstarb bereits im Alter von 26 Jahren an einer Lungenentzündung. Der zwei Jahre jüngere Hugh war in keiner Weise auf diese

Verantwortung vorbereitet, hatte er doch bereits mit zwölf Jahren die Schule und das Studieren aufgegeben, um sich ausschließlich seinen Hobbys zu widmen. Er verspekulierte sich mehrfach und war darüber hinaus sehr empfänglich für Luxus, Pomp und Prahlerei. So gönnte er sich eine elegant livrierte Dienerschaft in althöfischem Stil ebenso wie ein Privatorchester und eine eigene Eisenbahn.

Außerdem sammelte er Automobile und fuchsfarbene Pferde und lud zudem gern einmal den europäischen Adel zur Jagd ein, darunter auch zweimal Kaiser Wilhelm persönlich. Auf diese glamouröse Art zehrte der letzte Earl das Familienvermögen auf. Hugh selbst war nach einem schweren Unfall seiner Frau in den frühen Jahren der Ehe kinderlos geblieben. Das Schloss wurde aufgegeben, da seine Weiterführung zu teuer gewesen wäre. Im Zweiten Weltkrieg fand es noch einen Verwendungszweck als Quartier für ein Panzerregiment, danach aber wurde es ausgenommen der Fassade abgerissen und dem Verfall überlassen. All das erfährt man in dem kleinen Museum, das an die Ruinen angeschlossen ist und das natürlich auch einen kleinen Shop beherbergt. Wer für den englischen Landhausstil empfänglich ist, könnte sich die gesamte Innenausstattung seiner Wohnung allein in den Museumsläden hier zusammenstellen. Ich bin empfänglich und mit einer neuen karierten Picknickdecke aus echter Schafwolle unter dem Arm mache ich mich wieder einmal auf den Weg in einen Garten...

Bevor Lowther Castle in den 30er-Jahren sich selbst und der Natur überlassen wurde, gehörte das 50 Hektar große Gelände rund um das Schloss zu einer der ausgesuchteren Parkanlagen. Neben den Kuriositäten der Flora, die durch die typische Pflanzen-Sammelleidenschaft ihren Weg hierher fanden, gab es auch eine bemerkenswerte Themenauswahl bei der Gestaltung. So findet sich ein Bereich, dessen Bewuchs nach „besonders süßem Duft" ausgewählt wurde. Selbstverständlich gab es einen Rosengarten, aber auch einen japanischen, den man sich laut einer Beschreibung aus den guten Zeit von Hugh Lowther so vorstellen darf: „geschmückt mit chinesischen und japanischen Ornamenten, lebensgroßen Bronzevögeln und -tieren, japanischen Schreinen, Zwergbäumen, scharlachroten Lackbrückchen in Miniaturseen, gefüllt mit japanischen Wasserlilien und Iris, winzigen Inseln und verborgenen Wegen." Die

Betonung liegt dabei auf Vorstellung, denn erst in den 2010er-Jahren wurde dank des Zusammenschlusses mehrerer gemeinnütziger Organisationen damit begonnen, diese erstaunliche Anlage wiederzubeleben. Das Zeitfenster für eine solche Unternehmung ist dabei locker auf 25 Jahre ausgelegt. Wenn man also jetzt durch das Grün rund um Lowther Castle streift, gleicht es einem verwunschenen Märchenwald. Nicht umsonst wird von den „verlorenen Gärten" gesprochen. Ich rufe mir noch einmal Castle Howard ins Gedächtnis, was für ein Kontrast!

Trotzdem fühle ich mich von diesem Ort auf besondere Weise angezogen. Es ist, als müsste man jeden Moment damit rechnen, Waldgeistern oder Trollen zu begegnen und dennoch erahnt man beim Spazieren, zu welcher Pracht das ehemalige Gesamtkunstwerk erwachen könnte. Hinter einer dichten, fast heckenartigen Baumreihe öffnet sich plötzlich der Wald auf einen lang gezogenen Streifen Wiese, dessen Rasen so dicht und so satt wächst wie ein Teppich. Die Grünfläche endet abrupt an einem nicht allzu hohen Abhang, wie eine natürliche Terrasse, und gibt den Blick frei auf den in der Ferne liegenden Lake District, ein weiterer Nationalpark, dem man nachsagt, dass er einer der schönsten Englands sei. Ich bin ehrlich überwältigt. Hier muss ich meine neue Decke ausbreiten und schauen. Ja, mehr nicht, einfach nur schauen. Dabei bin ich anscheinend eingedöst und nun knurrt mir der Magen. Sehr schweren Herzens verabschiede ich mich von diesem zauberhaften Fleckchen Erde und das geht auch nur, weil ich mir fest vornehme, irgendwann wiederzukommen. Den Lake District habe ich ohnehin auf meiner Reiseliste. Mein Hunger treibt mich zuerst in das entzückende Café, das zu meiner nächsten Destination gehört, dem Lakeland Bird Of Prey Centre, nur wenige Minuten von Lowther Castle entfernt. Genau auf der Mitte des Weges findet übrigens jedes Jahr im Sommer mit dem Kendal Calling ein großes Boheme-Musikfestival statt, das eine Mischung aus Rock Indie und Dance, aber beispielsweise auch Kunst und Kino präsentiert.

Mit dieser Mischung ist es sogar für Familien gut geeignet. Wenn man allerdings vor allem wegen Schloss und Vogelschau hier ist, sollte man die paar Tage des Festivals vielleicht lieber meiden, denn mittlerweile zieht es über zehntausend Besucher an. Zurück zu Paul Bevan und seiner Frau Karen Grey.

Das sind nämlich die beiden Falkner, die seit 1988 ihre Leidenschaft zum Beruf gemacht haben und hier ein Zentrum für Raubvögel betreiben. Beide sind sehr erfahren, aber vor das Publikum tritt vor allem Paul, von dem ich mich im ersten Moment frage, ob er nicht vielleicht der Zwillingsbruder von Anthony Hopkins ist. Aber ich greife vor.

Jetzt gibt es erst einmal hausgemachten Kuchen und die obligatorische „nice cuppa", wie die Engländer ihre nachmittägliche Tasse Tee auch gern nennen. Begrüßt werde ich in dem urigen Raum in einem der Wirtschaftsgebäude vor dem Eingang von einer älteren Dame mit „Hey hon!" (Die Abkürzung des Kosewortes „Honey") Sie verkauft außer Gebäck und Eintrittskarten auch Souvenirs, selbstgestrickte Socken und antikes Geschirr. Ich balanciere mein Tablett mit Getränk und Zitronenkuchen zu den gusseisernen türkisfarbenen Gartenmöbeln vor dem Haus und lasse es mir schmecken. Gut, dass ich mich gestärkt habe, denn schließlich steht mir die Begegnung mit echten Raubtieren bevor. Ich wage mich hinein in die Höhle der Vögel, sorry, ins Gehege, und das besteht nur aus einer großen Wiese in der Mitte, auf der auch ein paar Bänke für die Zuschauer stehen, während rundherum die Volieren für die einzelnen Vögel aneinander gereiht sind. Wo noch etwas Backsteinmauer frei geblieben ist, leuchten einem davor natürlich die schönsten Blumen-Arrangements entgegen. Es ist noch etwas Zeit bis zur Flugschau. Zu sehen gibt es Tiere aus aller Herren Länder, Falken, Geier, Adler und Eulen. Sie sitzen einzeln oder zu zweit meist vollkommen ruhig in ihren Behausungen. Gerade bei den Eulen habe ich immer das Gefühl, es sind eigentlich Puppen aus der Muppets-Show. Falkner Paul gießt vor seinem Auftritt noch einmal entspannt die Blumenbeete in Begleitung zweier großer Hunde. Dann ruft er uns zusammen und beginnt mit der Vorführung.

Der braun gebrannte Mann mit dem weißen Bart hat die Ausstrahlung eines kernigen Naturburschen. Aus seinen Augen, die von Lachfalten umsäumt sind, blitzt allerdings etwas Schelmisches hervor. Erst recht, wenn er seine eigenen Jungfalken verulkt, die sich bei den Kunststücken keineswegs alle gleich schlau anstellen. „He is not one of the brightest.", erklärt er liebevoll zu einem der Vögel, der nun schon zum dritten Mal seine Belohnung verfehlt hat; er ist eben nicht die hellste Kerze auf der

Torte. Gemeinsam schreiten wir auch die Tiere in den Käfigen ab und Paul erklärt die Besonderheiten und Herkunft jeder Art. Vorerst den Höhepunkt der Präsentation erreichen wir, als uns Otto vorgestellt wird. Die Eule ist über zwanzig Jahre alt und stammt ursprünglich aus Bremen. Sie hält still auf dem narbigen braun-glänzenden Lederhandschuh ihres Herrchens und wirkt dabei groß und erhaben, obwohl die zwei kleinen Federn, die ihren Kopf schmücken und die wie Katzenohren aussehen, doch zum Schmunzeln anregen.

Otto kann einen Hähnchenschenkel in einem Zug herunterschlingen, ohne Kauen! Wie auch? Er hat keine Zähne. Dieser Gipfel der Akrobatik entlockt uns Zuschauern tosenden Applaus und die Runde löst sich nach und nach auf. Paul plaudert noch mit einigen besonders Wissbegierigen und schlendert dabei in Richtung eines hübschen kleinen Holzhauses mit eingezäuntem Gartenteil. Diejenigen, die ausgeharrt haben, bekommen nun eine besondere Zugabe. Angrenzend an den Garten steht eine Voliere, in der die charmanteste Nachzucht des Raubvogelzentrums wohnt, halbstarke Schnee-Eulen. Ihr Zieh-Vater öffnet den Käfig und lässt die zwei

Geschwister auf die Freifläche für ihren abendlichen Auslauf. Voller Spielfreude gesellen sich die zwei Hunde dazu. Der Anblick ist urkomisch, vor allem weil die flaumig-weißen riesigen Babyvögel noch nicht fliegen können, sondern sehr aufrecht und zugleich staksig auf ihren gefiederten Beinen vor den Hunden weg oder hinter ihnen her rennen. Wir alle sind schlagartig verliebt und ich könnte mir kein schöneres Abschluss-Erinnerungsbild für meine Reise vorstellen als das Gesicht einer fusseligen Eule, die mich mit ihren weit aufgerissenen Augen fragend anstarrt: Wirst du wiederkommen?

Der nächste Morgen läutet meine Heimreise ein. Von Penrith aus geht es zurück nach Newcastle, über die Autobahn eine Fahrt von nicht einmal zwei Stunden. Am frühen Mittag gebe ich mein Auto ab, auch das habe ich auf der Reise irgendwie lieb gewonnen. Hoffentlich werde ich zuhause nicht zur Geisterfahrerin, wenn wieder Rechtsverkehr gefragt ist. Freundlicherweise darf ich mein Gepäck in der Autovermietung unterstellen, sodass mich zumindest kein physisches Gewicht bei meinen letzten Erkundungen in Newcastle belastet. Die Abschieds-Melancholie kann ich scheinbar nicht dort abgeben, sie ist hartnäckiger. Zum Lunch kehre ich ein in Violet's Café, einem kleinen rustikal-romantisch eingerichteten Bistro in der Innenstadt, und esse ein paar leichte Kräuter-Gnocchi, zu denen ich mir ein Ingwerbier gönne, übrigens noch so eine britische Erfindung bzw. eine Exportware aus den nordamerikanischen Kolonien Englands im 18. Jahrhundert.

Nach dem Essen breche ich zu einer Ehrenrunde auf, einem Spaziergang am River Tyne entlang und über die Millennium Bridge, das Wahrzeichen von Newcastle. Es wird langsam Zeit, sich zum Bustransfer zu begeben. Zurück an den Hafen, auf die Fähre. Mein Herz bleibt hier. Schwere bleigraue Wolken hängen am Himmel, als wir am späten Nachmittag Richtung Amsterdam ablegen. So ohne Sonne ist es an Deck doch kühl, aber ich wärme meine Hände natürlich an einem Becher Yorkshire Tea, während wir auf die Nordsee hinaus schippern und ich sehnsuchtsvoll den immer kleiner werdenden Häusern auf meiner geliebten grünen Insel nachschaue. See you soon, Beauty England!

Packliste

Geld & Finanzen

O (evtl.) Auslandswährung

O Bargeld

O Bauchtasche

O Brustbeutel

O Bauchtasche

O EC-Karte

O Kreditkarte

O Notfall-Telefonnummern der Banken

O Portmonee

Hygiene

O Haarbürste / Kamm

O Deo (klein)

O Shampoo

O Kulturtasche

O Sonnencreme

O Taschentücher

O Reise-Zahnbürste und Zahnpasta
O Verhütungsmittel

Kleidung

O Badeklamotten
O Gürtel
O Hosen kurz / lang
O Mütze / Cap / Hut
O Pullover
O Regenjacke
O Schlafanzug
O Socken
O Sonnenbrille
O Sportklamotten / Jogginghose
O T-Shirts
O Unterwäsche

Medikamente

O Blasenpflaster
O Anti-Durchfalltabletten
O Erste-Hilfe-Set

O Fiebertabletten
O Fiebertabletten
O Mückenschutz
O sonstige Medikamente
O Pflaster
O Kopfschmerztabletten

Unterlagen & Papiere

O ADAC Unterlagen
O Adresslisten für Postkarten
O Krankversicherungsnachweis
O Stadtplan
O Führerschein
O Unterlagen für die Unterkunft
O Wasserdichte Hülle für Reiseunterlagen
O Impfausweis
O Mietwagenunterlagen
O Personalausweis
O Reisepass
O Reisetagebuch
O evtl. Studentenausweis

O evtl. Visum
O Zug- / Bahn- / Flugticket

Taschen & Rucksäcke

O Koffer / Trolley / Reisetasche
O Regenhülle für Rucksack
O Rucksack

Schuhe

O Badeschlappen / Hausschuhe
O Schuhe und Wechselschuhe

Sonstiges

O Brille / Kontaktlinsen und Etui
O Buch zum Lesen
O Ohrenstöpsel und Schlafmaske
O Regenschirm
O Reisedecke
O Wasserflasche
O Wörterbuch

Elektronik

O Digitalkamera

O Handy

O Ladekabel

O Kopfhörer

O evtl. Steckdosenadapter

O Power-Bank

Herstellung und Verlag:
BoD – Books on Demand, Norderstedt
ISBN: 9783751995801

© Tatjana Weiher 2020
1. Auflage
Kontakt: Psiana eCom UG/ Berumer Str. 44/ 26844 Jemgum
Covergestaltung: Fenna Larsson
Coverfoto: depositphotos.com